Juwelen des Vertrauens

Juwelen des Vertrauens

Edition Albert Schwarz

Vertrieb:

D: SKV, 7630 Lahr, Tel.: 07821/5810
CH: Schweizer Buchzentrum Hägendorf, CH-6410 Olten, Tel. 062/476161
A: Leykam Alpina AG, A-8020 Graz, Tel. 0316/28000
NL: Uitgeverij Helmond B. V. - Helmond
I: Athesiabuch GmbH, Bozen

ISBN 3-925377-23-9

Wer vertraut, besteht.

Rainer Maria Rilke

Vertrauen kommt nur aus Vertrauen,
alles Wohltun ist ein Wiedertun.

Rainer Maria Rilke

Unser Leben ist farbig,
aber wir brauchen Mut und Vertrauen,
um seine Farbigkeit zuzulassen,
in uns aufzunehmen
und uns von ihr verändern zu lassen.

Dorothy Mc Call

Das Leben wird reicher und voller
durch Ebbe und Flut,
durch das Zusammenspiel von
Freude und Vertrauen.

Virginia Woolf

Vertrauen gibt Kraft.
Wir werden den Gipfel
erblicken und erkennen,
dass wir nach jedem Stolpern
neue Kraft gewonnen haben.

Agatha Christie

Sich täglich Zeit zu nehmen,
die spirituelle Kraft in jedem Menschen
und jedem Gegenstand zu erkennen,
gibt uns den Mut und das Vertrauen,
Verbundenheit
miteinander zu empfinden.

Virginia Satir

In jeder Erfahrung
liegt die Möglichkeit
zu persönlichem Wachstum,
zur Hinwendung
zum anderen Menschen
und zu mehr Vertrauen.

Helen Keller

Wo kein Vertrauen,
da ist auch keine Treue.

Sprichwort

Vertrauen
kann man nur einem Menschen,
von dem man weiss,
wie weit man ihm misstrauen muss.

Aristoteles Onassis

EPHONE
TELEPH

Vertrauen ist das Gefühl,
einem Menschen
sogar dann glauben zu können,
wenn man weiss,
dass man an seiner Stelle lügen würde.

Mencken

Misstrauen ist eine Axt
am Baume der Liebe.

Sprichwort

Eine offene Hand
lobt am besten und schenkt Vertrauen.

Paul Tillich

Vertrauen ist scheu wie ein Reh.
Wenn man es einmal verjagt hat,
dauert es lange, bis es wiederkommt.

Kurt Biedenkopf

Ob man jemand vertrauen kann,
weiss man erst,
wenn man ihm was anvertraut hat.

Robert Lembke

Das Glück des Optimisten ist
Vertrauen zum Leben.

Hans Margolius

Liebe ist Vertrauen zu jemandem,
von dem man keinen Nutzen erwartet.

Pearl S. Buck

Vertrauensvolle Menschen
sind wie fruchtbare Felder:
sie geben das Empfangene
zehnfach zurück.

Selma Blumer

Gegenseitiges Vertrauen ist wichtiger als gegenseitiges Verstehen.

Marie von Ebner-Eschenbach

Vertrauen ist wie rudern
gegen den Strom.
Sobald man aufhört,
treibt man zurück.

Benjamin Britten

NA COR, MAS FOMOS IGUAIS NA PATRIA

Jedes Vertrauen hat nicht nur seine Gefahren,
sondern auch seine Möglichkeiten.

Martin Luther King

Zu Menschen, die zugeben,
was sie nicht wissen,
kannst du Vertrauen haben.
Die Allwissenden musst du meiden.

Hans Albrecht Moser

Quellenverzeichnis

Seite 5	Rainer Maria Rilke: Lektüre für Minute, Insel Verlag
Seite 6	Rainer Maria Rilke: Lektüre für Minute, Insel Verlag
Seite 8	Dorothy Mc Call: Quotations, Schuster
Seite 10	Virginia Woolf: Women Quotations, Rand NY
Seite 12	Agatha Christie: Aphorismen
Seite 14	Virginia Satir: Gedanken
Seite 16	Helen Keller: Das treffende Zitat, Ott Verlag Thun
Seite 18	Sprichwort
Seite 20	Aristoteles Onassis: Interview
Seite 22	Mecken: Handbuch moderner Literatur im Zitat, Fr. Pustet
Seite 24	Sprichwort
Seite 26	Paul Tillich: Betrachtungen
Seite 28	Kurt Biedenkopf: Neue treffende Pointen, Ott Verlag Thun
Seite 30	Robert Lembke: Neue treffende Pointen, Ott Verlag Thun
Seite 32	Hans Margolius: Wege und Werte, Strom Verlag
Seite 34	Pearl S. Buck: Geschriften
Seite 36	Selma Blumer: Betrachtungen
Seite 38	Marie von Ebner-Eschenbach: Deutsche Aphorismen, Manesse
Seite 40	Benjamin Britten: Memoiren
Seite 42	Martin Luther King: Aphorismen von A–Z, Drei Lilien Verlag
Seite 44	Hans Albrecht Moser: Deutsche Aphorismen, Manesse

Bild-Nachweis

Titel	Johan De Meester
Seite 5	Five Seasons/Richard Quartaert
Seite 7	Johan De Meester
Seite 9	Five Seasons/Ludger Kruthoff
Seite 11	Five Seasons/Kris Coppieters
Seite 13	Five Seasons/Kris Coppieters
Seite 15	Johan De Meester
Seite 17	Gianni Vechiato
Seite 19	Silvestris/Wernicke
Seite 21	Five Seasons/Kris Coppieters
Seite 23	Five Seasons/Kris Coppieters
Seite 25	Five Seasons/Ludger Kruthoff
Seite 27	Five Seasons/Kris Coppieters
Seite 29	Silvestris/Wothe
Seite 31	Poniatowska
Seite 33	Johan De Meester
Seite 35	Five Seasons/Alan Maltz
Seite 37	Johan De Meester
Seite 39	Five Seasons/Kris Coppieters
Seite 41	Five Seasons/Didier Verriest
Seite 43	Eduard Heinz
Seite 45	Gianni Vechiato

In der Reihe Juwelen sind bereits erschienen:

Juwelen **der Freundschaft**

Juwelen **der Geborgenheit**

Juwelen **der Freude**

Juwelen **der Lebenskunst**

Juwelen **der Hoffnung**

Juwelen **des Trostes**

Juwelen **der Heiterkeit**

Juwelen **der Treue**

Juwelen **der Besinnlichkeit**

Juwelen **der Dankbarkeit**

Juwelen **der Liebe**

Juwelen **der Stille**

Juwelen **der Weisheit**

Juwelen **der Gemeinsamkeit**

Juwelen **der Zärtlichkeit**

Juwelen **des Vertrauens**